体能让未来更有可能

家庭式 儿童体能训练营

1~3岁 运动启蒙

北京体育大学教授 魏宏文 主 编

奥运冠军 王丽萍 审定推荐

化学工业出版社

·北京·

内容简介

本书是"家庭式儿童体能训练营"系列图书的第一辑，专为1至3岁儿童设计的家庭运动启蒙游戏集，包含24个精心设计的亲子游戏。这些游戏针对此年龄段的运动窗口期专门研发设计，旨在激发孩子对运动的兴趣，并为将来掌握更高级的运动技能打下坚实的基础。书中的运动游戏根据难易程度分为了三阶，家长可根据自身的情况和孩子的接受程度选择适合的运动游戏。

本书的作者魏宏文任教于北京体育大学，在竞技体育领域有着丰富的科学化训练研究与实践经验，书中结合了儿童体能发展的专业理论和作者实践经验，为家长提供了一套科学、实用的儿童体能训练方法。通过这些亲子游戏，家长可以轻松地将运动融入孩子的日常生活，让孩子在玩乐中提升体能，培养对运动的热爱，为健康成长奠定基础。

图书在版编目（CIP）数据

家庭式儿童体能训练营. 1～3岁运动启蒙 / 魏宏文主编. -- 北京 : 化学工业出版社，2025. 2. -- ISBN 978-7-122-46927-4

Ⅰ. G613.7

中国国家版本馆CIP数据核字第2024U67S39号

责任编辑：丰　华　　　　　　　装帧设计：锋尚设计
责任校对：张茜越

出版发行：化学工业出版社
　　　　　（北京市东城区青年湖南街13号　邮政编码100011）
印　　装：北京瑞禾彩色印刷有限公司
710mm×1000mm　1/16　印张7　字数62千字
2025年6月北京第1版第1次印刷

购书咨询：010-64518888　　　　　售后服务：010-64518899
网　　址：http://www.cip.com.cn
凡购买本书，如有缺损质量问题，本社销售中心负责调换。

编写人员名单

主　　编：魏宏文　北京体育大学教授

参　　编：成　勇　北京市海淀新区恩济幼儿园园长

　　　　　邹蒙辉　北京体育大学教师

　　　　　Abobakr Ravand　北京体育大学体育教育训练学博士

　　　　　王婷婷　北京体育大学体育教育训练学硕士

　　　　　安家言　北京丰台成寿寺小学体育教师

　　　　　李方舟　北京市海淀新区恩济幼儿园一级教师

　　　　　王　斌　少儿体能教练

技术指导

王丽萍　2000年悉尼奥运会女子20公里竞走冠军

视频课程获取说明

亲爱的家长们，感谢您选择"家庭式儿童体能训练营"系列图书。

本系列提供的二维码包含4辑共96节儿童体能训练视频课程，均由专业教练带领适龄儿童一对一示范演示，包含4个年龄段，不同年龄适用不同内容！

扫码可以免费体验其中两节视频课程，如果您希望系统、完整地学习全部视频课程，可另行付费购买剩余课程。

我们希望通过体验课程让您更好地了解课程内容和效果，更期待您通过全套的科学体能训练，与孩子一同养成健康的家庭运动习惯，成为彼此优质的陪练伙伴！

感谢您的选择与支持。

祝孩子健康聪明，快乐成长！

科学指南助力健康成长

当前，国家高度重视青少年儿童的身体素质发展，出台了一系列相关政策，将青少年儿童的健康提升到国家战略高度。"家庭式儿童体能训练营"系列图书的出版，正契合这一发展方向，为家庭体能锻炼提供了科学、系统且极具操作性的方案。

本套图书依据不同年龄段儿童的身心发展特点，设计了科学合理的训练内容。从1至3岁的运动启蒙，到6岁前各阶段的动作训练，内容循序渐进，涵盖全面。书中提供了丰富的训练方法，配以详细的图解和视频演示，方便家长理解和操作，并着重强调运动安全，指导家长规避损伤风险，确保孩子在安全的环境中锻炼。

家庭是孩子成长的核心环境，对其身体素质发展至关重要。通过这套图书，家长可充分利用家庭空间与时间，与孩子一起进行趣味盎然的运动游戏，在增进亲子关系的同时，提升孩子的身体素质，培养运动兴趣和习惯，为其终身健康奠定坚实基础。

本套图书的出版，既为家庭提供了科学实用的儿童体能训练指南，也为推动国家青少年儿童体能发展战略目标的实现贡献了一份力量。我们相信，在家长的积极参与下，在"家庭式儿童体能训练营"系列图书的科学指导下，越来越多的孩子将拥有强健的体魄、阳光的心态和美好的未来！

董进霞

北京幼儿体育协会会长

强身健体，从娃娃抓起

作为一名奥运冠军和多年参与青少年体能训练的运动员，我深知儿童早期体能发展的重要性，能够参与"家庭式儿童体能训练营"系列图书及配套视频课程的技术指导工作，并为这套书作推荐，感到无比荣幸。

这套书的作者魏宏文老师，是我非常敬佩的体能训练专家。他拥有北京体育大学的博士学位，并有丰富的实践经验，曾服务于北京女足、国家男女足及各青少年队伍。他一直致力于科学化训练的研究与实践，对儿童和青少年的体适能发展有深刻理解，并将其科学理念融入了本书的每一个细节。

近年来，我国高度重视青少年体育发展，并且出台了一系列政策。这些政策特别强调儿童早期体能发展的重要性，鼓励学校和家庭共同参与，为孩子创造多样的运动机会。

这套图书紧密契合国家的政策导向，将科学的体能训练方法与家庭场景结合，帮助家长在日常生活中培养孩子的运动习惯。魏宏文老师的专业指导保证了内容的科学性与可操作性，不仅帮助孩子增强体能，更在心理、社交等方面促进全面成长。

运动不仅强健体魄，还能培养孩子的自信与专注力。希望"家庭式儿童体能训练营"系列图书及配套的视频课程能走进更多家庭，助力孩子健康成长。

王丽萍

2000年悉尼奥运会女子20公里竞走冠军

前 言

科学专业抓好儿童体能训练

我1996年毕业于北京体育大学，并于2009年获得博士学位后留校任教。自那时起，我便一直致力于竞技体育运动员的科学化训练工作，同时也逐渐把目光转向儿童和青少年的体能发展。20多年来，我在北京女足、国家男女足等多个队伍中担任科研教练和体能康复教练，积累了丰富的实践经验。在多年的工作中，有一件事让我时常感到惋惜：不良的动作习惯如果在儿童时期没有纠正，会对其身体发育和未来的运动能力产生深远影响。这也让我深刻意识到儿童体能训练的重要性。

学龄期体育测试与体能训练的重要性

我国的学龄期体育测试项目通常包括以下5项。

- **50米跑**：考察速度与反应能力
- **立定跳远**：测试下肢力量与爆发力
- **仰卧起坐或引体向上**：评估核心肌群或上肢力量
- **坐位体前屈**：反映柔韧性
- **耐力跑（800米或1000米）**：检测心肺功能

如果孩子没有在幼儿阶段打下良好的体能基础，比如跳跃或跑步姿势不对，很容易在这些测试中表现不佳。此外，不标准的动作会让他们在训练和测试时更加疲劳，甚至引发运动损伤。

标准动作和科学训练的重要性

科学的体能训练不仅是为了让孩子通过测试，更是为了帮助他们建立健康的身体姿态、提高运动能力。每个动作的标准与否，都直接关系到孩子的体能发展和安全性。

在"家庭式儿童体能训练营"系列图书中，根据1至6岁孩子的发育特点，设计了循序渐进的训练内容。1至3岁以亲子游戏为主，建立运动兴趣和基础；3至4岁专注于基本动作模式，如蹲、走、跑等；4至5岁强化动作技能，如跳跃、投掷等；5至6岁则融入运动技巧，为孩子日后的体育活动做好准备。每个训练动作都配有初阶、中阶和高阶的难度设置，让家长根据孩子的能力逐步调整。此外，我们还录制了和图书匹配的视频课程，家长和孩子可以随时跟练，保证动作的标准和规范。

本册书中的运动启蒙体能游戏适合1至3岁的儿童，以亲子运动为主，鼓励家长放下手机，陪伴孩子，与孩子一起享受亲子运动时光。书中具体介绍了幼儿身体的活动原则、方法、技巧和注意事项，以图片、文字共同指导，让父母和老师轻松参与到体能运动中。

不良动作对生长发育的影响

儿童正处于骨骼、肌肉、神经系统发育的关键阶段，如果他们在学步或日常活动中养成不正确的动作模式，可能会导致长期的问题。

- **走路时内八字或外八字**：这种步态容易导致膝关节负荷不均，引发膝内翻或膝外翻，进而影响腿部骨骼的正常发育。
- **跳跃动作不标准**：如果孩子跳起落地时脚跟先着地，膝盖过度内收（膝盖对齐脚趾的原则被破坏），会增加足踝和膝关节的损伤风险。长期如此，还可能导致下肢力量发展不足，影响跑步速度和爆发力。

这些不良的动作不仅对孩子的身体健康造成隐患，还会直接影响他们在学龄期参加体育测试的表现。

呼吁家长从小重视体能训练

我想对每位家长说：体能训练从小抓起，绝不仅仅是为了让孩子健康成长，更是为了培养他们对运动的兴趣和正确的动作习惯。很多家长可能认为跑步和跳跃是孩子的天性，不需要特别训练，但事实证明，如果不掌握科学的方法，错误的动作会慢慢积累，成为未来运动表现的障碍。

希望这套图书能为更多家庭带来科学的体能训练理念，让孩子们在运动中找到快乐和自信，为未来的成长之路打下坚实基础。

魏宏文

北京体育大学教授

目录

在家长的鼓励和陪伴下，用充满趣味的游戏对身体产生良性刺激，提升体能，培养胆量及抗挫能力，建立愉悦情绪，在快乐的游戏氛围中锻炼身体。

儿童早期体能训练，好处多多 / 001

01）抱娃深蹲 / 007

02）背娃深蹲 / 011

03）腿举熊娃 / 015

04）抱娃侧步 / 019

05）骑牛大赛 / 023

06）登陆月球 / 027

07）高空跳伞 / 031

08）翻越丛林 / 035

09）天桥漫步 / 039

10）倒骑怪兽 / 043

11）荡秋千 / 047

12）小小搬运工 / 051

13）小猴上树 / 055

14）壶铃摇摆 / 059

15）包饺子 / 063

16）绘本跳跃 / 067

17）百变金箍棒 / 071

18）椅子运动 / 075

19）万里长征 / 079

20）仰卧起坐 / 083

21）欢乐谷 / 087

22）蹦迪公园 / 091

23）动物世界 / 095

24）冰雪运动 / 099

儿童早期体能训练，好处多多

体能游戏因为内容丰富、好玩有趣，深受孩子们的喜爱。他们不仅在运动中收获欢乐，运动目标的达成还给孩子们带来成就感。科学研究早已证明，体育锻炼不仅让孩子们的身体更健康、长得更高更强壮，而且能促进大脑发育，让孩子更聪明。同时，在体能活动中不断克服困难取得胜利的过程，也培养了孩子乐观积极、自信勇敢的优秀品质。

目前，很多家庭过于重视孩子的学习和成绩，忽略了孩子的体育发展，而家庭环境对孩子的影响往往很深远。为此，我们组织相关领域的教练和专家编写了这套儿童体能运动指导书，针对1~6岁的孩子设置了不同的体能运动内容，也希望家长们从小重视孩子的体能发展，为孩子健康一生打下坚实的基础。

不同年龄段的孩子有不同的发展阶段和运动窗口期，本套书以儿童必须掌握的基本动作模式，必须学习的基本动作技能和符合《国民体质测定标准手册》中对幼儿部分的要求为内容，以运动游戏为载体，在玩耍中练习，在游戏中强身健体助增长。

儿童运动技能发展金字塔

基本
运动技能
7~12 岁少儿

基本动作技能
4~6 岁儿童

基本动作模式
1~3 岁幼儿

心智、语言和社交技能发展

功能、机能和体能提升

儿童体能运动的场景和器材

　　身边的一切都能成为运动的助力。儿童玩具可以激发他们的创造力和积极性，生活用品也能巧妙地转化为运动的道具，小小的运动器材更是孩子们尽情释放能量的伙伴，无论是在学校、幼儿园的运动场，公园的草地，还是家中的客厅，都能成为你和孩子欢乐运动的场所。

生活道具

靠垫	图书	毛巾	毛绒玩具
椅子	沙包	网球	气球

专业器材

拉伸垫	跳绳	标志盘	篮球
敏捷圈	软踏	标志桶	健身踏板

儿童体能运动的科学指导

儿童体能训练，看似简单，玩玩动动，实际上要想真正有效果离不开科学的理论指导和体系支撑。"家庭式儿童体能训练营"这套图书与配套视频课程紧密结合，构建了一个专业、系统且易于实践的家庭体能训练体系。每一个训练动作都经过精心设计，由北京体育大学专业教授和体能专业教练基于多年的研究和实践经验，针对不同年龄阶段的儿童体能特点进行编排，确保内容科学、安全且循序渐进。

图书可以帮助家长理解动作的功能性和训练效果，同时提供多种难度选项，让家长根据孩子的发展情况逐步调整。纸质特性便于家长理解动作，反复学习，随时翻阅。配套的视频课程则由教练与孩子共同示范，专业团队摄影，增加趣味性和实操性，每个动作都清晰直观，家长和孩子可以轻松跟随视频进行练习，确保动作标准、到位。图书和视频课程家长可以根据自己的需要使用，既可以只阅读图书，也可以图书和视频课配合使用。

这套课程不是单纯的动作模仿，而是融入了系统的训练逻辑，将动作技能与体能发展科学地串联起来。通过互联网技术的支持，家长和孩子在家中即可便捷地获取专业的体能训练指导，让科学的体能教育走进每一个家庭。这一体系化的课程，不仅满足了当下家庭对高质量儿童教育的需求，也与国家提倡的青少年体能发展政策高度契合，为更多家庭带来科学且有趣的运动体验。

家长的良好引导很重要

科学的指导 ▶ 专家 ＋ 体系 ＋ 互联网技术

运动鼓励的方法

语言	肢体
真的	微笑
有想象力	拥抱
做得好	高兴地扬起眉毛
是的	鼓掌
我为你的努力而感到骄傲	竖起大拇指
对你很好	握手
做得对	拍拍背
极好的	把手放在肩上
谢谢合作	抬起双臂
更好的	微笑和点头
看起来很好	用拳头无声地喝彩
美丽的	跳起来
就这样	点点头
精彩	蹲着张开双臂

01

抱娃深蹲

 游戏介绍

　　家长以"公主抱"的姿势将孩子抱在怀里，要求孩子腰背挺直。孩子的重量会增加家长深蹲的难度，同时孩子也需要一定的力量来保持腰背挺直。

游戏目的

　　抱娃深蹲是一个适合家长与孩子一起玩的亲子游戏，不仅能够发展孩子的平衡和空间感知能力，改善失重反应和恐高畏惧心理，还能提升家长的下肢力量，增进亲子关系，是一个有趣的体能游戏。

游戏提示

　　准备一个拉伸垫（或在地毯上进行）。

　　家长若有腰、背、肩的损伤，则不建议参与，可由他人代替，需先在不负重的情况下预习蹲起动作。

···· 运动游戏

初阶动作　抱娃深蹲

家长：

❶ 双脚与肩同宽，脚尖向前，膝盖微弯，后背挺直并收腹，目视前方。

❷ "公主抱"孩子，确保安全舒适。

❸ 缓慢下蹲，后背挺直并收腹，膝盖与脚尖同向，勿过度弯曲或内扣。

❹ 依自身状况和孩子体重小幅度下蹲。

❺ 下蹲时吸气，起身时呼气，保持呼吸顺畅，勿憋气。

❻ 据体力和孩子反应，适当重复，每组10~15次，1~3组，组间休息15~30秒。

孩子：

❶ 平躺在大人怀里，四肢放松，收紧核心。

❷ 保持上身挺直，勿晃动歪斜。

中阶动作　平举深蹲

家长：

1 孩子背对大人，大人双手托住孩子腋下，双臂务必伸直。

2 下蹲时应保持背部挺直、收紧核心，下蹲至大腿与地面平行。倘若觉得有难度，可屈臂以适当降低难度。

3 其余动作要领与初阶动作中家长部分相同。

孩子：

1 背对家长站立，双臂夹住家长的手，收紧核心，眼睛平视前方。

2 需始终保持身体挺直，不能晃动或歪斜。

高阶动作　高举深蹲

家长：

1 面对孩子站立，双手托住孩子腋下。

2 下蹲和举起时保持背部挺直、收紧核心，下蹲至最低点，再慢慢举起孩子至最高点，然后缓缓放下。

3 其余动作要领与初阶动作中家长部分相同。

孩子：

❶ 面对家长站立，双臂自然
张开，收紧核心，眼睛
看前方。

❷ 保持身体挺直，不得晃动
或歪斜。

▶ 视频课

抱娃深蹲

体能游戏三　00:35

亲子体能游戏：抱娃深蹲 | 高阶动作 | 高举深蹲

专为培养1~3岁幼儿的运动兴趣，只需 5~8 分钟
的家庭式亲子体能游戏，不需要专业器材，适合家长与
幼儿一同运动。把孩子抱在怀里，做不同难度的下蹲，
视频中展示更多动作细节和游戏要领。

02

背娃深蹲

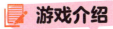 **游戏介绍**

让孩子骑在家长的肩膀上，家长和孩子都要保持腰背挺直。孩子的重量会增加家长深蹲的难度，而孩子也需要一定的核心力量来维持身体平衡。

游戏目的

背娃深蹲是一个充满趣味的亲子游戏。此游戏能够锻炼孩子的平衡感与空间感知能力，增强其自信心和自我控制能力。同时，也能有效增强家长的腿部力量。

游戏提示

准备一个拉伸垫（或在地毯上进行）。

家长应依据自身的身体状况决定是否参与此游戏，动作要平稳且缓慢，控制好力度和速度，避免因突然的动作而导致受伤。

💬 运动游戏

初阶动作　抱头浅蹲

家长：

① 双脚分开，宽度与
肩相同，保持身体
直立，收紧核心。

② 下蹲时，先屈髋，而后
屈膝，膝盖需沿着脚尖的
方向弯曲。

③ 整个过程务必保持背部挺直，避免弯腰或拱背。

④ 握住孩子的膝盖或脚踝，下蹲至大腿与地面平行或稍
低，随后缓慢起身。

⑤ 要依据自身的体力以及孩子的体重，合理把控训练的次
数和组数。

⑥ 动作由慢至快，由简入难，每组10~15次，进行1~3组，
每组之间休息15~30秒。

孩子：

① 骑坐在家长的肩膀上，双手紧紧抱住家长的头部，前额
位置。

② 始终保持身体挺直，不可晃动或歪斜。

中阶动作　平举深蹲

家长:

　　动作要领与初阶动作家长部分相同。

孩子:

❶ 骑坐在家长的肩膀上,双手向两侧自然打开。

❷ 保持身体挺直,不要前后晃动或左右歪斜。

高阶动作　上举深蹲

家长:

　　动作要领与初阶动作家长部分相同。

孩子:

❶ 骑坐在家长的脖子上,双手向上伸直举起。

❷ 始终保持身体挺直,避免前后晃动或左右歪斜。

背娃深蹲

体能游戏二 00:27

亲子体能游戏：背娃深蹲 | 中阶动作 | 平举深蹲

　　在客厅、户外都可以做的亲子体能游戏，与孩子一同锻炼身体，互动性强，富有想象力、探索力且充满趣味性。让孩子骑在家长的肩膀上，孩子的重量提高了家长深蹲的难度，同时手臂的变化也增加了孩子的动作难度，和运动视频一起游戏，可学习更多动作细节和游戏要领。

03
腿举熊娃

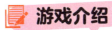 **游戏介绍**

　　家长仰卧在地面上，孩子在家长的腿上尝试各种姿势以寻找平衡，比如家长用腿把孩子往上蹬起再收腿。这个游戏能让孩子体验"升降机"的感觉，深受孩子喜爱。

游戏目的

　　腿举熊娃是一个居家亲子运动游戏，能够发展孩子的动态平衡能力和神经肌肉控制能力。

游戏提示

❶ 准备一个拉伸垫（或在地毯上进行）。

❷ 在家运动时，尽量避开桌子、椅子等可能产生磕碰的区域。

❸ 运动前要做好准备活动，运动后进行放松和拉伸。

初阶动作　抱腿滚背

家长：

① 仰卧于垫上，两腿稍分开，屈膝呈90度角左右。

② 双手扶住孩子的双肩，大腿和小腿保持不动。

③ 收腹拱背，依靠惯性让身体从尾椎、腰椎、胸椎一节一节地接触地面，小腿平行或略低于水平面，如此前后滚动。

④ 根据自身的体力和孩子的体重，合理控制训练的次数和组数。

⑤ 动作由慢至快，由简入难，每组10~15次，进行1~3组，每组之间休息15~30秒。

孩子：

① 双腿分开，骑坐在家长的脚上，盘腿勾住家长的小腿，双手紧抱家长的腿部。

② 保持身体挺直，避免晃动或歪斜。

中阶动作　开挖掘机

家长：

　　动作要领与初阶动作家长部分相同。

孩子：

❶ 背向坐在家长的小腿和脚背上，双手向后抱住家长的小腿或放于胸前。

❷ 保持身体挺直，双脚保持静止，脚不得向上摆动，身体严禁前后晃动或左右歪斜。

高阶动作　腿举熊娃

家长：

❶ 仰卧于垫上，两腿稍分开，屈膝呈90度角左右。

❷ 双手拉住孩子双手，向后躺一些抬起双脚，将双脚脚掌紧贴孩子的小腹（髂前上棘）处。

❸ 收腹，腰背挺直，缓缓抬起小腿，把孩子用脚往上蹬起，保持数秒钟后再收腿。

❹ 根据自身的体力和孩子的体重，合理把控训练的次数和组数。

❺ 动作由慢至快，由简入难，每组10~15次，进行1~3组，每组之间休息15~30秒。

孩子：

① 站在家长双脚前，双手撑住
家长的双手以寻找平衡。

② 腹部需用力，保持身体挺
直，避免前后晃动或左右
歪斜。

▶ **视频课**

腿举熊娃

体能游戏三　01:13

亲子体能游戏｜高阶动作｜腿举熊娃

　　在床上、地毯上或在户外的草坪上都可以做的亲子
体能游戏，当同龄的孩子一起户外聚会时，孩子会很喜
欢这种"升降机"式的飞行游戏。与视频课一起游戏，
可学习更多动作细节和游戏技巧。

04

抱娃侧步

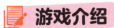
游戏介绍

　　家长抱住孩子，向一侧做弓箭步。也可以让孩子双腿夹住家长的腰部，家长再向另一侧做侧弓步。

游戏目的

　　抱娃侧弓步是一种亲子健身动作，能够帮助家长强化下肢肌肉力量和稳定性。有助于帮助孩子感知身体方向，增强平衡感。

游戏提示

　　在安全的地面上进行，确保周围环境安全，没有障碍物，以防发生意外。

初阶动作　抱娃单侧步

家长：

❶ 双脚与肩同宽站立，将孩子抱在身体一侧，孩子的身体紧挨着家长的身体。

❷ 缓慢地向一侧迈出一大步，同时弯曲该侧的膝盖，使身体下蹲，形成侧弓步的姿势，脚趾始终与膝盖保持同一方向。在蹲下的过程中，家长要保持身体平衡，同时留意孩子的安全。

❸ 家长在完成一侧的弓步运动后，将孩子换至身体的另一侧，然后重复上述动作。

❹ 根据自身的体力和孩子的体重，合理控制训练的次数和组数。

❺ 动作由慢至快，由简入难，一侧做8~10次，换另一侧，进行1~3组，每组之间休息15~30秒。

孩子：

❶ 双手或单手搂着家长的脖子，侧躺在大人的怀中。

❷ 保持身体挺直，不要晃动或歪斜。

中阶动作　侧步拔萝卜

家长：

❶ 双脚与肩同宽站立，下蹲后将孩子举至胸前。

❷ 缓慢向一侧迈一大步，同时弯曲该侧膝盖，下蹲形成侧弓步，脚趾与膝盖同向，蹲下时慢慢放下孩子，保持身体平衡。

❸ 另一条腿并拢，恢复与肩同宽站立，再向另一侧重复动作。

❹ 依据自身体力和孩子体重，合理控制训练次数与组数。

❺ 动作由慢到快、由简到难，每组10~15次，做1~3组，每组间休息15~30秒。

孩子：

❶ 背对站在家长身前，双臂平举或夹住大人双手。

❷ 保持身体挺直，不要晃动或歪斜。

高阶动作　抱娃左右侧步

家长：

❶ 动作要领同初阶动作家长部分。

❷ 家长完成一侧弓步动作后，缓慢起身，将孩子换手并调整身体方向至另一侧，然后向另一侧重复动作。

孩子：

动作要领与初阶动作孩子部分相同。

▶ 视频课

抱娃侧步

体能游戏三 00:13

亲子体能游戏：抱娃侧步 | 高阶动作 | 抱娃左右侧步

视频可以在手机、电脑、电视上播放，随时随地与孩子一起运动。视频中的动作示范清晰明了，家长和孩子可以轻松参与。当家长抱着孩子做运动时，孩子的欢乐会给家长带来无穷力量。

05

骑牛大赛

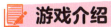 **游戏介绍**

　　让孩子骑在家长背上，家长模拟牛的动作，如腰背上下起伏、左右摇晃等，让孩子像斗牛士一样尽力保持平衡。

游戏目的

　　骑牛大赛是一项体育娱乐赛事，也是有趣的家庭式亲子体能游戏，旨在提高孩子的平衡和协调能力，提升家长的灵活性与协调性。

游戏提示

　　准备一个拉伸垫，确保周围环境安全，无障碍物。

　　在家长两侧放置一些柔软的垫子，以防孩子从背上掉落发生意外。

初阶动作　骑牛大赛

家长：

① 俯卧的姿势，以手、膝、脚支撑在垫子上。

② 通过塌腰或拱背来降低或抬高身体。

③ 根据自身体力和孩子体重，合理控制训练次数与组数。

④ 动作由慢至快、由简到难，每组10~15次，做1~3组，每组间休息15~30秒。

孩子：

① 扮演骑手，骑在家长背上，双手抱住家长脖子或抓住家长衣服。

② 需随家长的动作变化，保持身体平衡并灵活应对。

中阶动作　骑虎大赛

家长：

① 俯卧的姿势，以手、膝、脚支撑在垫子上。

② 前后、左右晃动身体。

③ 根据自身体力和孩子体重，合理控制训练次数和组数。

❹ 动作由慢到快、由简到难，
每组10~15次，做1~3组，
每组间休息15~30秒。

孩子：

动作要领与初阶动作
孩子部分相同。

高阶动作　开飞机

家长：

❶ 俯卧的姿势，以手、脚支撑在垫子上。

❷ 做俯卧撑。

❸ 根据自身体力和孩子体重，
可采用膝盖支撑以降低难度。

孩子：

❹ 动作由慢到快、由简到难，
每组10~15次，做1~3组，
每组间休息15~30秒。

动作要领与初阶动作
孩子部分相同，孩子可双
手打开，增加难度。

骑牛大赛

体能游戏一　00:21

亲子体能游戏：骑牛大赛 ｜ 初阶动作 ｜ 骑牛大赛

　　这些游戏家长或多或少都陪孩子一起玩耍过，它不仅能让孩子在快乐中成长，还能为家长和孩子创造美好的回忆，成为非常有价值的亲子资源。当孩子在家长背上模拟在草原上骑马或骑牛时，千万别忽略了安全问题，视频中会提示如何保护孩子和家长的运动安全。

06
登陆月球

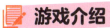 **游戏介绍**

　　让孩子趴在家长的身上，家长可以模拟太空中失重的状态，如悬浮在空中、身体翻转和转动等，让孩子尽量放松身体来维持平衡，并享受游戏的过程。

游戏目的

　　登陆月球是常见的亲子体能游戏，让孩子体验太空行走的感觉，旨在锻炼孩子对身体失重的感知，也能锻炼孩子的平衡能力，同时提升家长的身体素质。

游戏提示

❶ 选择一个开阔的空间，如客厅或户外草地。

❷ 确保周围环境安全，没有障碍物。

运动游戏

初阶动作　月球着陆

家长：

① 双脚与肩同宽站立，怀抱孩子，也可背着孩子以降低难度。

② 家长俯身或下蹲来降低身体重心，但注意腰背挺直。

③ 根据自身体力和孩子体重，选择相应难度。

④ 动作由慢到快、由简到难，每组10~15次，做1~3组，每组间休息15~30秒。

孩子：

① 双腿夹住家长的腰部，双手放松，或搭在家长的肩膀上。

② 需随着家长的动作起伏，保持身体平衡。

中阶动作　空间站旋转

家长：

① 双脚与肩同宽站立，背着孩子或抱着孩子都可以。

② 家长沿顺时针或逆时针转圈，也可顺针转几圈，再逆时针转，不停变化。

③ 根据自身体力和孩子体重，选择相应难度。

④ 动作由慢到快、由简到难，每组
10~15次，做1~3组，每组间
休息15~30秒。

孩子：

❶ 双腿夹住家长的腹部或下背
部，双手扶肩或搂着脖子。

❷ 需要随着家长的转动保持身体
平衡。

高阶动作　空间站修复

家长：

❶ 双脚与肩同宽站立，怀抱孩子，双臂夹紧孩子臀部，双手扶
住孩子上背部，也可侧身抱孩子以降低难度。

❷ 家长俯身调整身体高度，以便孩子能抓到玩具，但注意挺直
腰背。

❸ 根据自身体力和孩子体重，选择相应难度和运动次数。

④ 动作由慢到快、由简到难，每组10~15次，做1~3组，每组
间休息15~30秒。

孩子：

❶ 双腿夹住家长的腹部。

❷ 翻转身体倒立去寻找地
　上的玩具，并尝试捡起
　来。如果采用侧抱，
　孩子可直接倒立捡起
　玩具。

▶ 视频课

登陆月球

体能游戏三　01:40

亲子体能游戏：登陆月球 | 高阶动作 | 空间站修复

　　家长可以根据孩子的兴趣和时间安排，选择视频里
适合的动作进行亲子互动，由慢到快，由简到难，无论
是在家里、户外还是旅途中，都能随时开启亲子时光。
若孩子在失重或倒立时会紧张，可多尝试多鼓励，让孩
子慢慢去探索，逐步融入充满刺激的游戏中。

07
高空跳伞

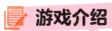 **游戏介绍**

　　家长提起孩子双脚后，孩子以倒立的姿势完成各种游戏，模拟在空中飞行失重的感受，让孩子尽量放松身体参与游戏。

游戏目的

　　这个游戏能够锻炼孩子的勇气，改善身体平衡能力，帮助孩子在动态动作中维持平衡，同时还能增加亲子之间的互动和信任。

游戏提示

❶ 选择一个开阔的空间，准备一个拉伸垫。

❷ 避免存在尖锐物体或危险区域，让孩子在安全的环境中享受游戏乐趣。

···· 运动游戏

初阶动作　仰卧抬腿

家长：

❶ 站在孩子头的方向，
　双手握住孩子双脚。

❷ 慢慢下压孩子双脚
　并维持这个姿势几秒。

❸ 动作由慢到快、由简
　到难，每组10~15次，
　做1~3组，每组间休
　息15~30秒。

孩子：

❶ 背部及臀部贴于地面，双手放于身体两侧。

❷ 双腿绷直，抬起双腿，直至脚尖接触到头上方的地面。

　（部分孩子会感觉恐慌，有可能存在感统异常，后续动作
　也会紧张害怕，家长要视孩子情况调整。）

中阶动作　高空翻转

家长：

❶ 站在孩子脚的旁边，面对孩子的脚，下蹲后双手抓住孩

子的脚踝，左手抓右脚踝，右手抓左脚踝。

② 起身后慢慢提起孩子至倒立位，孩子会在空中自然翻转身体。

③ 根据自身体力和孩子体重，可让孩子手掌撑地来降低难度，保持1~3秒放下。

④ 动作由慢到快、由简到难，每组5~10次，做1~3组，每组间休息15~30秒。

孩子：

① 仰卧地面，双手放身体两侧。

② 倒立时抬头，双臂伸直，眼睛看向地面，手掌撑地后，慢慢向前爬直到俯卧（部分孩子会因紧张而抱头、抱家长腿或闭眼，家长要多鼓励孩子练习来改善平衡感）。

高阶动作　高空跳伞

家长：

① 动作要点同中阶动作中的家长部分。

② 提住孩子的脚踝，向左放低直到孩子手撑地，再提起向右侧放低，重复动作。

孩子：

❶ 仰卧地面，双手放身体
两侧。

❷ 旋转倒立时抬头，双臂
伸直，眼睛看向地面，
下降时用手掌撑地。

视频课

高空跳伞

体能游戏二　02:52

亲子体能游戏：高空跳伞 | 中阶动作 | 高空翻转

　　这个游戏需要亲子共同面对困难和挑战，通过互相鼓
励、互相支持，孩子逐渐与家长建立起更深的信任。家长
的引导和帮助也让孩子明白，在他们遇到困难时，始终有
家人可以依靠，一旦克服恐惧心理，孩子的自信心会更强。

08
翻越丛林

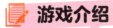 **游戏介绍**

　　家长仰卧、俯卧或做平板支撑，孩子站在家长身体上保持平衡的游戏，锻炼孩子在动态下掌握平衡的能力。

游戏目的

　　这个游戏能让孩子在不稳定平面上体验平衡的感觉，改善家长的腰背部肌肉力量，同时还能增加亲子之间的互动和信任。

游戏提示

❶ 选择一个开阔的空间，准备一个拉伸垫。
❷ 避免有尖锐物体或危险区域，让孩子在安全的环境中享受游戏的乐趣。

运动游戏

初阶动作　腹部平衡

家长：

❶ 仰卧，背贴地，双臂伸直
   指向天花板，双腿屈膝，
   大小腿呈90度，双脚离地。

❷ 收紧腹部，一侧手臂和对侧腿向
   远端缓慢下放至近地面平行，手臂和脚
   不着地，腹部始终收紧，也可只做腿部动作以降低难度。

❸ 一侧收回至起始位，同时另一侧下放，交替进行。

❹ 动作由慢到快、由简到难，每组10~30次，做1~3组，
   每组间休息15~30秒。

孩子：

❶ 赤脚踩在家长的腹部（髂前上棘）位置。

❷ 双臂打开，尽量平稳地站在家长的腹部上。

中阶动作　背部平衡

家长：

❶ 俯卧于拉伸垫上，双手向头顶两侧伸展，双腿伸直，双
   脚打开与肩同宽。

❷ 抬头，抬起胸部，同时抬起一侧手臂和对侧的腿，尽量使大腿前侧离开地面，让身体形成一个"U"形。

❸ 缓慢放下手臂和腿，然后换另一侧交替进行。

❹ 动作由慢至快、由易到难，每组5~10次，做1~3组，每组间休息15~30秒。

孩子：

❶ 赤脚踩在家长的下背部位置。

❷ 双臂打开，家长做动作时，保持平稳站立。

高阶动作　平板平衡

家长：

❶ 双肘和双脚撑地，手脚与肩同宽。

❷ 背部挺直，腹部收紧，撑起身体并保持呈一条直线。

❸ 根据自身体力和孩子体重，可采取跪姿平板撑来降低难度。

❹ 动作持续15~30秒，做3~6组，每组间休息15~30秒。

孩子：

❶ 家长俯卧地面时，赤脚踩在家长的臀部或下背部位置（不要站在上背部）。

❷ 家长撑起时，双臂打开，保持平稳地站在家长身上。

 ▶ 视频课

翻越丛林

体能游戏一 00:34

亲子体能游戏：翻越丛林 ｜初阶动作｜腹部平衡

　　通过有规律地参与这些运动游戏，不仅可以促进孩子健康的成长，还能提升整个家庭的健康生活方式。视频里的游戏不仅有助于提升孩子的平衡能力，同时还能锻炼家长的核心力量，有效预防腰酸背疼。

09
天桥漫步

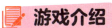
游戏介绍

　　家长做各种臀桥动作，让孩子站在家长身体上维持平衡。

游戏目的

　　这些游戏能够帮助孩子锻炼平衡能力和协调能力，增进亲子关系，同时锻炼家长的核心力量，帮助家长维持好身材。

游戏提示

❶ 选择一个开阔的空间，准备一个拉伸垫。

❷ 避免存在尖锐物体或危险区域，让孩子在安全的环境中享受游戏的乐趣。

初阶动作　拉手臀桥

家长：

❶ 平躺在拉伸垫上，双腿弯曲，双脚置于地上，双手拉住孩子的双手。

❷ 做臀桥时可直接抬臀，也可交替抬起一条腿伸直以增加难度。

❸ 借脚部、腿部和腰腹发力，抬起臀部，直至身体从膝盖到肩膀呈一条直线。

❹ 达到最高点后，用力收紧臀部和核心肌群，维持身体稳定。

❺ 缓缓将臀部降回地面，恢复平躺姿态。以相同的发力方式完成规定的动作次数，动作一定要缓慢，不要太快。

❻ 动作由易至难，每组10~15次，做1~3组，每组间休息15~30秒。

孩子：

❶ 赤脚踩在家长的腹部（髂前上棘）位置。

❷ 双手拉住家长的手，保持平稳，不要大幅晃动。

中阶动作　放手臀桥

家长：

　　双手扶住孩子双腿，其他动作要领与初阶动作家长部分相同。

孩子：

　　松开家长的手，双臂展开，其他动作要领与初阶动作孩子部分相同。

高阶动作　静态臀桥

家长：

1️⃣ 双手放身体两侧，双脚臀桥保持30秒，做3~6组，每组间歇15~30秒。

2️⃣ 其他动作要领同初阶动作家长部分。

孩子：

动作要领同中阶动作孩子部分。

视频课

天桥漫步

体能游戏二 00:08

亲子体能游戏：天桥漫步｜中阶动作｜放手臀桥

每天5~8分钟的亲子体能游戏，为家庭提供了一种有趣、有益的互动方式，对孩子的身心发展和家庭关系的和谐都有着重要的意义，视频动作可锻炼家长肌肉力量，提高孩子的身体协调性、平衡性、注意力和自信心，为孩子的未来动作发展打下坚实的基础。

10
倒骑怪兽

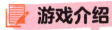 **游戏介绍**

　　孩子以骑或站的姿势配合家长完成各种倒退爬行或走动的游戏，以增强对空间和方向的认知和判断能力，让孩子尽量放松身体来参与游戏。

游戏目的

　　倒骑怪兽是一个简单有趣的亲子游戏。通过这个游戏，可以锻炼孩子的平衡能力和协调能力，同时还能够增加亲子之间的互动和感情。

游戏提示

❶ 选择一个空旷的场地。

❷ 要避免有尖锐物体或危险区域，确保孩子在安全的环境中享受游戏的乐趣。

💬 运动游戏

初阶动作　虫虫骑行

家长：

① 坐在地上，双腿弯曲，双手撑在身后，指尖朝前。

② 先向前移动，让孩子感觉像是在倒着移动。双腿同时向前伸出，双手撑起臀部向上向前移动至脚跟处，再将双手移动到身体两侧。

③ 再向后移动，先移动双手，再蹬地后移臀部。

④ 动作由慢至快，由简入难，每组10~15次，进行1~3组，每组间休息15~30秒。

孩子：

① 面对家长，坐在家长身上，两手可抓住家长的衣服。

② 保持身体挺直，严禁晃动或歪斜。

中阶动作　倒骑怪兽

家长：

① 手脚和腰腹发力，将臀部抬离地面，像走路一样向前行走，

再倒退行走（不得同手同脚）。

② 其他动作要领同初阶动作家长部分。

孩子:

动作要领同初阶动作孩子部分。

高阶动作　手脚同行

家长:

① 双脚与肩同宽站立，拉着孩子的双手，缓缓向前、向后走动，动作幅度和速度逐步增大增快。

② 每组10~15步，做3~6组，每组间休息15~30秒。

孩子：

❶ 站在家长的脚背上，拉住家长的双手。

❷ 保持身体挺直，不要晃动或歪斜，与家长的动作协调一致。

▶ 视频课

倒骑怪兽

体能游戏二　00:08

亲子体能游戏｜中阶动作｜倒骑怪兽

　　游戏中家长扮演各种动物，让孩子感受与平时不同的视角和体验，仿佛真的骑着怪兽探索奇妙的世界。这不仅能锻炼孩子的平衡能力和身体协调性，还能激发他们的想象力和冒险精神。

11
荡秋千

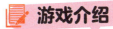

游戏介绍

　　家长以弓箭步的姿势作为基础，孩子通过双脚站立、坐姿或腹部撑等多种动作来"荡秋千"。在这个过程中，家长需要密切关注孩子的状态和反应，根据孩子的实际情况调整动作的难度和幅度，从而有效地提升孩子的平衡性与稳定性。

游戏目的

　　这些亲子互动活动是一种多维度的促进方式，能够全方位地促进孩子的前庭器官、肌肉、肌腱、关节等部位的本体感受功能，以及视觉系统的发展。这些活动有助于提升孩子的身体平衡能力，使他们在身体控制和协调方面得到更好的发展。此外，亲子共同参与这些活动，可以显著增强亲子间的情感关系。

游戏提示

❶ 准备一个拉伸垫或在平坦的地面上进行。

❷ 在活动进行期间，家长需时刻保持高度的警惕，留意孩子的每一个动作和反应，一旦发现孩子不适，应立即停止活动。

运动游戏

初阶动作　俯卧荡秋千

家长：

❶ 一只脚向前迈一步后弓步下蹲，大腿与地面平行，膝盖不超过脚尖。

❷ 另一条腿屈膝下蹲，大腿与地面垂直，前脚掌撑地，做完一组后换腿。

❸ 一手扶住孩子的脚，另一只手扶背，辅助孩子前后荡。

❹ 每组保持10~15秒，进行3~6组，每组间休息15~30秒。

孩子：

❶ 趴在家长的大腿上，双臂下垂。

❷ 收紧核心，用力挺直身体，努力靠自己的力量荡起来。

中阶动作　坐式荡秋千

家长：

❶ 双手向前伸展，保护孩子安全。

❷ 其他动作要领同初阶动作家长部分。

孩子：

❶ 坐在家长的大腿上。

❷ 四肢放松并调整身体平衡，保持身体挺直并维持稳定。

高阶动作　站立荡秋千

家长：

　　动作要领同中阶动作家长部分。

孩子：

❶ 在家长的帮助下，站在家长的大腿上。

❷ 双手打开调整身体平衡，保持身体挺直并维持稳定。

荡秋千

体能游戏三　00:41

亲子体能游戏：荡秋千 | 高阶动作 | 站立荡秋千

　　在运动视频中，将为大家生动地展示并详细讲解家长如何巧妙地以身体为道具，引领孩子放松身心，同时维持身体的平衡与稳定。这些充满趣味的游戏能够切实帮助孩子提升身体协调能力、平衡力以及专注力。此外，亲子之间的亲密接触还能让孩子深切感受到父母的关爱与温暖，进一步增进亲子关系。

12

小小搬运工

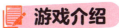

游戏介绍

　　家长和孩子一起进行简单的体操动作，例如推小车爬行、提拉和推撑游戏等。

游戏目的

　　这些游戏能够帮助孩子加强上肢力量与核心稳定性，让孩子在游戏中锻炼身体、增强体质，还有助于培养孩子的运动兴趣，促进大脑发育，更能增进家长和孩子之间的感情，推动亲子关系的发展。

游戏提示

　　选择平坦安全的区域或者在拉伸垫上进行。家长要做好示范和指导，保证孩子的动作正确无误。

🔸 运动游戏

初阶动作　小推车

家长:

❶ 家长双手抓住孩子的两个脚踝，也可只抓住一只脚来增加难度。

❷ 根据孩子的爬行速度缓缓向前走，注意采用下蹲动作，不要弯腰。

❸ 每组保持10~15秒，进行3~6组，每组间休息15~30秒。

孩子:

❶ 孩子双手撑地，腰绷直，不能塌腰，眼睛看向前方，慢慢向前爬行。

❷ 准备结束动作时，屁股稍稍撅起，收腿站起即可。

中阶动作　倾斜引体

家长:

❶ 两脚分开与肩同宽，微微屈髋，双臂与大腿平行。

❷ 双手紧握孩子手腕，慢慢伸展胳膊至孩子身体倾斜。

❸ 屈肘向后拉至大小臂呈90°，然后伸臂复原完成一次动作，过程中需保持身体稳定，腰背挺直。

孩子：

❶ 双脚并拢，站在家长两脚中间，双臂伸直，身体挺直。

❷ 随着家长伸展胳膊，慢慢向后倾斜身体，一定注意保持身体挺直，不要后坐。

高阶动作　你推我撑

家长：

❶ 仰卧于地面，双脚分开，屈膝呈90度，双手伸直。

❷ 家长和孩子手心对手心，手指交叉紧扣。

❸ 慢慢屈肘呈90°，然后伸臂复原完成一次动作，过程中需保持身体稳定。

孩子:

❶ 与家长手指交叉紧扣双手,双脚并拢站在家长双腿之间,双臂伸直,身体挺直。

❷ 随着家长的动作,慢慢倾斜身体,一定注意保持身体挺直。

▶ 视频课

小小搬运工

体能游戏二 00:08

亲子体能游戏:小小搬运工｜中阶动作｜倾斜引体

跟着视频和孩子游戏是一种非常有趣的活动。在做上肢力量运动游戏时,一定要控制运动的强度和时间,请家长认真听教练的游戏技巧讲解,确保孩子在安全的前提下运动,才能让亲子运动发挥最大的效果。

13

小猴上树

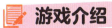 **游戏介绍**

　　家长扮大树，孩子做双臂悬吊、攀爬、倒挂树枝等动作，培养勇敢探索的精神。

游戏目的

　　小猴上树是亲子游戏，能锻炼孩子上肢和腿部力量，以及对身体的控制能力，增进亲子互动，营造欢乐的家庭氛围。

游戏提示

　　选择平坦安全的区域或在拉伸垫上进行。游戏时家长要常询问孩子的感受，若孩子胳膊不适或害怕，请立即停止，确保安全。

初阶动作　小猴荡秋千

家长：

❶ 站在孩子背后，双脚分开与肩同宽，膝盖微屈，这样有助于保持身体的平衡和稳定。

❷ 伸出食指，让孩子握住，再双手握住孩子的手和手腕，轻轻向上提拉，提拉时需注意力度，不可过于用力，以免对孩子的关节造成损伤。

❸ 将孩子提拉至一定高度后，保持片刻，然后轻轻放下，可左一下右一下，也可左右晃动。

❹ 每组10~15秒，进行3~6组，每组间休息15~30秒。

孩子：

❶ 身体随着家长的提拉向上抬起，双脚离开地面。

❷ 身体要保持挺直，切勿弯曲或扭动。

中阶动作　猴子爬树

家长：

❶ 面对孩子站立，前腿膝关节微屈，后腿微微下蹲，弓步时

下肢稳定且有力。

❷ 用力拉住孩子的双手，给予一定的助力和支撑，使孩子慢慢沿前腿向上攀爬。

❸ 当孩子爬到家长大腿中上位置时，轻轻抱住孩子慢慢放下（孩子熟练后可以做后身翻）。

❹ 每组10~15次，进行1~3组，每组间休息15~30秒。

孩子：

❶ 双手紧抓家长手指，一只脚踩在家长的脚背，另一只脚踩到家长的膝盖上方，用力爬上去。

❷ 需依靠自己的力量向上攀爬，可尝试后身翻下来。

高阶动作　抱树荡秋千

家长：

❶ 跪姿弓步在垫子上，俯身双手紧握孩子双脚。

❷ 在确保孩子双手紧抱胳膊后，慢慢提起孩子，不宜过高（熟练后可慢慢提高或摆动）。

❸ 慢慢放下完成一次动作。

❹ 每组5~10秒，进行1~3组，每组间休息15~30秒。

孩子：

① 手指交叉紧抱家长胳膊，眼睛看着家长。

② 保持身体挺直。

▶ 视频课

小猴上树

体能游戏三　00:54

亲子体能游戏：小猴上树｜高阶动作｜抱树荡秋千

　　与视频一起来锻炼孩子的攀爬能力。在攀爬过程中，幼儿需要运用手臂、腿部、腰部等多处肌肉完成游戏，提升身体协调性和平衡力。这些游戏能有效提高孩子的灵活性，培养勇敢精神并促进认知发展，又能增进亲子感情。

14
壶铃摇摆

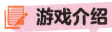 **游戏介绍**

　　家长以孩子为负重，做深蹲硬拉、壶铃摇摆和上举动作。

游戏目的

　　这个游戏可以增强孩子的空间感，锻炼孩子的身体协调性和平衡感，增加亲子之间的亲密感和信任感，同时提升家长的综合体能。

游戏提示

❶ 准备一个拉伸垫，检查周围环境安全。

❷ 一旦孩子表现出不适、害怕或者抗拒，应立即停止动作。

❸ 家长需量力而行，安全始终是最重要的。

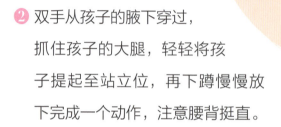

运动游戏

初阶动作　抱娃硬拉

家长：

❶ 站立，双脚打开略宽于肩，保持身体稳定。

❷ 双手从孩子的腋下穿过，抓住孩子的大腿，轻轻将孩子提起至站立位，再下蹲慢慢放下完成一个动作，注意腰背挺直。

❸ 每组10~15秒，做3~6组，每组间休息15~30秒。

孩子：

❶ 背对家长屈腿坐在垫子上。

❷ 双臂夹住家长的小臂。

中阶动作　提娃摇摆

家长：

❶ 双脚分开站立，保持身体稳定。

❷ 俯身双手抓住孩子脚踝，轻轻将孩子提起，不宜过高（熟练后慢慢提高或摆动），然后慢慢放下。

❸ 每组10~15次，做1~3组，每组间休息15~30秒。

孩子：

❶ 面对家长屈膝坐在垫子上，双手在腿下十指交叉紧紧抱住自己的腿。

❷ 头部紧贴膝盖，保持这个姿势。

高阶动作　抱娃上肩

家长：

❶ 站在孩子身后，双脚分开与肩同宽，保持身体正直，膝盖微微弯曲。

❷ 双手从前方抱住孩子腋下，从身体一侧提起将孩子放在同一侧的肩上，再转身一圈。

❸ 动作缓慢、平稳，避免突然的动作或抖动，蹲下后慢慢放下孩子完成一次动作，可左右各一次。

❹ 每组5~10次，做1~3组，每组间休息15~30秒。

孩子：

❶ 背对家长站立。

❷ 保持身体放松。

▶ 视频课

壶铃摇摆

体能游戏一 00:24

亲子体能游戏：壶铃摇摆｜初阶动作｜抱娃硬拉

　　这是一个非常有趣的亲子体能游戏，不仅考验了家长的上下肢力量，同时也考验了孩子的空间感觉和勇气，这些动作也是日常带娃时会用到的，一起来面对挑战，分享成功的喜悦吧。在锻炼身体的同时增加彼此之间的感情，加强亲子之间的互动和沟通。让我们一同为亲子时光注入更多的能量吧。

15
包饺子

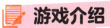 **游戏介绍**

　　家长以拉伸垫为辅助工具，让孩子在垫子上滚动和旋转的游戏。

游戏目的

　　这些游戏有助于提高孩子的平衡感知和控制能力，发展空间认知能力，增强脊柱灵活性，对维持良好的体态有帮助。同时在游戏中锻炼身体、提高能力，同时也增强亲子之间的互动和感情。

游戏提示

❶ 准备一个拉伸垫，在床上或柔软的地垫上进行，确保周围没有尖锐物品。

❷ 每个孩子的发育情况和能力不同，在进行游戏时，要根据孩子的实际情况进行调整。

运动游戏

初阶动作　擀饺子皮

家长:

❶ 站在拉伸垫的一端,
轻轻地将垫子抬起。

❷ 使孩子的身体随着垫子向
一侧慢慢滚动,注意帮孩子
调整位置。

❸ 15次为一组,每组间休息15~30秒。

孩子:

❶ 双手抱头,双臂夹住耳朵,双脚伸直横向仰卧在垫子的
一端。

❷ 当被家长抬起的垫子滚到一侧后,再自己翻滚回初始
位置。

中阶动作　包饺子

家长:

❶ 站立于远离孩子的一端,轻轻地将垫子抬起。

❷ 协同孩子完成一个仰卧起坐动作,动作要缓慢。

❸ 15次为一组,做1~3组,每组之间休息15~30秒。

孩子：

❶ 盘腿坐在拉伸垫的一端。

❸ 双手紧紧抓住垫子的
边缘。

❸ 低头拱背向后滚动，
而后借助回弹以及家
长的辅助完成仰卧起
坐，如此反复。

高阶动作　煮饺子

家长：

❶ 对折垫子，双手紧紧握住垫子的顶角，缓缓提起。

❷ 进行上下提拉或者左右摆动（熟练之后可以左右转圈）。

❸ 每次持续10~15秒，共1~3组，每组之间休息15~30秒。

孩子:

❶ 分开双腿,横向骑坐在垫子中间。

❷ 双手和双脚向身体两侧伸展。

包饺子

体能游戏二 00:38

亲子体能游戏:包饺子 | 中阶动作 | 包饺子

　　游戏是父母与孩子之间最纯粹的互动与快乐,没有束缚,只有无尽的欢笑与亲密接触。在翻滚的过程中,孩子们锻炼了身体的平衡感和协调性,同时也释放了活力。而对于父母来说,这是一次难得的陪伴孩子成长的机会,能够在忙碌的生活中停下脚步,与孩子共同创造美好的回忆。感受那份浓浓的亲子之爱和无尽的欢乐吧!

16
绘本跳跃

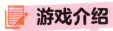 **游戏介绍**

　　以各种颜色和大小的绘本作为障碍物，与孩子一同设计并组合，共同参与跳上、跳下及跳远的游戏。

游戏目的

　　这些游戏有助于提升孩子的跳跃能力与身体协调性，培养孩子的想象力和创造力，增进亲子之间的互动与合作。

游戏提示

❶ 准备5~10本大小不同的绘本，选择安全的场地，以防孩子在跳跃过程中受伤。

❷ 依据孩子的年龄和身体状况，选取合适的跳跃高度与距离。

运动游戏

初阶动作　减少绘本跳跃

家长：

❶ 双脚打开，与肩同宽，下蹲至最低点。

❷ 控制膝盖与脚尖的方向，确保方向一致。

❸ 先在地上放置10本绘本，让孩子站在绘本上，当孩子跳起时，迅速取走一本绘本。

❹ 每组进行5~10次，共做3组，每组之间休息15~30秒。

孩子：

❶ 双脚并拢，站在绘本上，可面对家长或背对家长。

❷ 用力垂直向上跳起，在家长取走一本绘本后平稳地落在其他绘本上。

中阶动作　增加绘本跳跃

家长：

❶ 先在地上放置一本绘本，要在孩子跳上绘本落下之前叠上一本绘本。

❷ 其他动作要领同初阶动作家长部分。

孩子:

❶ 双脚打开,站在绘本两侧。

❷ 当家长叠加绘本时,迅速进行开合跳。

高阶动作　绘本跳跃

家长:

❶ 将绘本立起,放置10本左右,绘本间隔50厘米左右。

❷ 让孩子抓住自己的食指,再握住孩子的手,有节奏地协助孩子双脚跳跃。

❸ 共做6组,每组之间休息15~30秒。

孩子:

❶ 双脚分开,与肩同宽,双脚一同进行跳跃。

❷ 下蹲后用力跳过绘本,平稳地落在两个绘本之间。

绘本跳跃

体能游戏二　00:50

亲子体能游戏：绘本跳跃｜中阶动作｜增加绘本跳跃

　　欢迎来到亲子游戏的世界，看似普通的书本，此刻却成了亲子间的奇妙游乐场。孩子们在父母的陪伴下，欢快地在书本上跳跃，仿佛一群勇敢的探险家在未知的领域中勇敢前行。每一次跳跃，是他们挑战自我、战胜困难后的成果。马上来感受这份独特的亲子游戏魅力吧！

17
百变
金箍棒

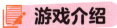 **游戏介绍**

　　家长手持木棍做出各种富有趣味性的游戏动作，锻炼孩子的反应能力和身体协调性。

游戏目的

　　这些游戏能够使孩子在玩耍过程中锻炼体魄，提升协调能力与反应能力，与此同时强化亲子关系。

游戏提示

　　准备一个拉伸垫，两根30厘米长的木棍，可以是塑料棒、纸棒或其他类似的道具，并确保场地安全，无障碍物。

初阶动作　定海神针

家长：

① 拿起拉伸垫的一端，让垫子呈斜坡状。

② 双手固定一根木棍在垫子较高的一端，松开木棍使其平缓向下滚动。

③ 每组进行5~10次，共3组，每组之间休息15~30秒。

孩子：

① 保持身体的平衡和稳定，双脚分开，与肩同宽，膝盖微微弯曲做好准备。

② 当木棍滚动至脚前时，迅速向上跳起，平稳落地。

中阶动作　如意金箍棒

家长：

① 双脚与肩同宽站立，双手与肩同宽或略窄，握住木棍，掌心向上。

❷ 屈臂将木棍慢慢向上举，高度不宜
　过高，然后缓慢放下。

❸ 每组保持3~5秒，共10组，每
　组之间休息15~30秒。

孩子:

❶ 孩子手掌朝下，双手抓木
　棍，可面向家长也可背对家长。

❷ 不要前后晃动或左右摆动，如果
　可以，在最高处松手跳下。

高阶动作　百变金箍棒

家长:

❶ 保持蹲姿，手握木棍。

❷ 用木棍调整不同高度。

❸ 每组进行10~15次，共3组，每组之间休息15~30秒。

孩子：

❶ 判断木棍的高低，如果木棍高度略低，可双脚跳跃过去。

❷ 遇到中等高度则抬腿跨越。

❸ 遇到较高时可弯腰钻过去。

▶ **视频课**

百变金箍棒

亲子体能游戏：百变金箍棒 | 初阶动作 | 定海神针

这是一个充满创意与趣味性的亲子游戏，它不仅仅能锻炼身体，更是一份关于亲子之爱、成长与快乐的记忆。对于父母来说，在陪孩子玩耍的过程中，可以了解孩子的动作和基础体能，同时共同度过充满欢乐的时光。

18
椅子运动

游戏介绍

家长充分借助椅子的支撑作用，来完成推、撑、站等亲子游戏。

游戏目的

这些游戏能够协助孩子锻炼身体的协调性、平衡能力以及上肢力量，强化家长的身体素质，同时还能够增进亲子之间的互动与沟通。

游戏提示

最好准备一个餐桌椅，使用凳子或依靠墙面也可以，并确保场地安全，无其他障碍物。

运动游戏

初阶动作　翘脚单脚站

家长：

❶ 坐在椅子上，将一条腿搭在另一条腿的大腿上。

❷ 通常是将左腿的小腿放在右腿的大腿上，或者将右腿的小腿放在左腿的大腿上。

❸ 双手拉着孩子的双手，让孩子自行调整平衡。

❹ 每组保持10~15秒，共3组，每组之间休息15~30秒。

孩子：

❶ 一只脚的前脚掌踩在家长抬起的脚背上。

❷ 双手拉着家长的手，保持身体平衡和稳定。

中阶动作　椅子双手撑

家长：

❶ 仰卧在垫子上，双脚分开放在椅子上，大腿与小腿保持90度。

❷ 进行向上卷腹摸膝的动作。

❸ 每组5~10次，共1~3组，每组
之间休息15~30秒。

孩子：

❶ 站在家长双腿
之间。

❷ 双手撑在家长的小腿
上，双脚离地。

高阶动作　双臂垂钓

家长：

❶ 半蹲俯身，双手从孩子腋下穿过，扶在椅子背上。

❷ 腰背挺直，伸直双臂，使其与地面平行。

❸ 每组进行10~15次，共3组，每组之间休息15~30秒。

孩子：

① 双臂紧夹家长双臂。

② 稳定地悬挂在家长双臂中间，随着动作熟练度和能力提升，孩子可以尝试卷腹抬高膝盖。

▶ 视频课

椅子运动

体能游戏一 00:27

亲子体能游戏：椅子运动｜初阶动作｜翘脚单脚站

家中普通的椅子成为了亲子互动的神奇道具，它们被赋予了新的使命，当孩子努力保持身体稳定时，脸上满是专注的神情，家长给予孩子鼓励与指导，一起探索椅子的各种玩法。让我们一同感受那份家庭的温暖、亲子的欢乐以及创意游戏带来的无限惊喜。

19
万里长征

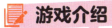
家长扮演雪山、丛林、草地，孩子扮演红军小战士，共同模拟长征中的场景，例如翻雪山、过草地等，孩子和家长一同体验长征的艰辛。

游戏目的

这些游戏能够培养孩子坚韧的精神。欢快的游戏氛围也能够让孩子释放压力，产生愉悦、快乐的情绪，有助于培育孩子乐观开朗的性格。

游戏提示

准备一个拉伸垫，并确保场地安全，无其他障碍物。

运动游戏

初阶动作　钻山洞

家长：

1. 双手撑在身下的拉伸垫上，手指向前，手臂伸直。
2. 双脚并拢，脚尖着地，保持身体从头到脚跟呈一条直线，四肢支撑。
3. 腹部收紧，背部挺直，臀部收紧，保持姿势。
4. 每组保持15~30秒，共3组，每组之间休息15~30秒。

孩子：

1. 趴在垫子上，双手和双膝着地，腹部抬离地面。
2. 一侧手臂向前移动时，对侧的腿也要跟着向前移动，形成交替前进的动作。
3. 抬头观察前方，保持良好的视野。

中阶动作　过草地

家长:

❶ 一人做平板支撑，一人呈仰

　　卧或侧卧、俯卧姿势。

❷ 每组15~30次，共1~3组，

　　每组间休息15~30秒。

孩子:

❶ 从做平板支撑的家长身下钻过，

　　跳过或跨过呈仰卧或侧卧、俯卧姿势的家长。

❷ 在跳或跨时不得接触家长身体。

高阶动作　翻雪山

家长:

❶ 家长平板支撑或跪姿平板

　　支撑来降低难度。

❷ 腰背挺直。

❸ 每 组15~30秒， 共3组，

　　每组间休息15~30秒。

孩子:

　　从家长的背上翻越过去。

万里长征

体能游戏二　01:26

亲子体能游戏：万里长征 | 中阶动作 | 过草地

　　孩子在家长身上攀爬是一种充满挑战和乐趣的冒险，每个运动游戏必须建立在科学健身与安全的前提下，这样不仅锻炼了家长和孩子的身体力量、协调性和平衡感，同时也增强了双方的自信心和勇气，这种身体上的互动，拉近了亲子之间的距离，让彼此的心更加贴近。

20
仰卧起坐

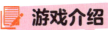 **游戏介绍**

孩子和家长彼此借力互助。在运动期间，家长要和孩子持续互动，鼓励孩子坚持做完游戏。

游戏目的

此游戏能切实锻炼孩子的腰腹部肌肉，强化核心力量，增进身体的协调性与平衡能力。在游戏进行时，家长与孩子需紧密协作、彼此配合，这有益于加深亲子间的情感联结，助推亲子关系的良好发展。

游戏提示

准备一个拉伸垫和一条毛巾，同时确保场地安全，无其他障碍物。

💬 运动游戏

初阶动作　拉我一下

家长：

❶ 仰卧在拉伸垫上，双腿弯曲，大小腿呈90度。

❷ 双脚踩住孩子的脚，在孩子的拉动下做仰卧起坐。

❸ 每组做15~30次，共3组，每组之间休息15~30秒。

孩子：

❶ 双脚并拢，尽量站稳。

❷ 双手伸直，抓住家长双手。

❸ 家长仰卧起身时，用力拉起家长。

中阶动作　引体起坐

家长：

❶ 双脚前脚掌轻踩在孩子的脚背上。

❷ 双手拿毛巾或木棍的一端，另一端让孩子抓住。

❸ 孩子做仰卧起坐时，轻轻用力协助孩子完成仰卧起坐。

❹ 每组10~15个，共1~3组，每组之间休息15~30秒。

孩子：

❶ 仰卧在拉伸垫上，双腿弯曲，大小腿呈90度。

❷ 双手紧握毛巾或木棍的一端。

❸ 在家长的助力下做仰卧起坐。

高阶动作　你躺我坐

家长：

❶ 盘腿坐在拉伸垫上。

❷ 双手抓住毛巾或木棍的一端。

❸ 慢慢仰卧后再坐起，协助孩子完成仰卧起坐。

❹ 每组10~15次，共3组，每组间休息15~30秒。

孩子：

动作和家长一样，相互拉动对方做仰卧起坐。

仰卧起坐

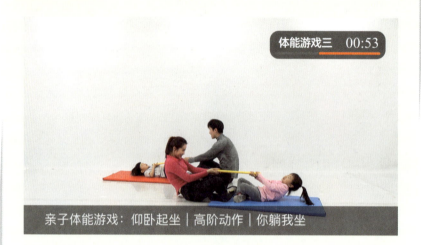

体能游戏三　00:53

亲子体能游戏：仰卧起坐 | 高阶动作 | 你躺我坐

　　让爱与温暖在每一次的起身和躺下中传递，家长与孩子共同努力，一起一伏，让小小的身体爆发出大大的能量。一起感受亲子运动的快乐，见证孩子们在游戏中茁壮成长，为家庭时光增添一抹绚丽的色彩。

21 欢乐谷

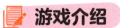 **游戏介绍**

　　以孩子为负重，锻炼家长的上肢力量和孩子的平衡与协调力，例如俯卧推举和旋转、俯身提拉等游戏。

游戏目的

　　家长与孩子共同参与，使家庭充满欢声笑语，助力孩子和家长增强肌肉力量、协调性以及平衡能力，并且增进彼此之间的信任和安全感，推动感情的融合与亲密。

游戏提示

　　准备一个拉伸垫，要注意保持正确的姿势，避免受伤。

···· 运动游戏

初阶动作 俄罗斯旋转

家长：

❶ 坐在拉伸垫上，双腿屈
膝抬起，脚离地，尽量
保证背部的平直，双手托住
孩子的大腿。

❷ 腹部肌肉收紧，双臂随肩部和上身向
一侧扭转，抱着孩子扭转至极限稍作停留，回到起始位
置，再向另一侧重复动作。

❸ 每组10~15个，共3组，每组间休息15~30秒。

孩子：

❶ 背部紧贴家长。

❷ 腰背挺直，双手抱住家长的小臂，配合家长做旋转。

中阶动作 大摆锤

家长：

❶ 双脚打开，宽于肩膀，俯身双手握住孩子抬起脚的脚踝
上方。

❷ 慢慢提起孩子，高度不宜过高，待孩子适应后慢慢提高

或摆动。

③ 在提起孩子时始终保持腰背挺直。

④ 每组3~5个，共1~3组，每组间休息15~30秒。

孩子：

① 仰卧在拉伸垫上，主动抬起一条腿到最高点，另一条腿蹬直，与身体保持一条直线。

② 双手交叉紧抱抬起的大腿，随家长摆动低头保持这个姿势。

高阶动作　空中飞人

家长：

① 仰卧在垫子上，待孩子趴好后再抬起双腿，大腿垂直地面，小腿与地面平行。

② 双手抓住孩子双脚，慢慢举起孩子至其身体与地面平行，可做仰卧推举增加难度。

③ 每组10~15次，共3组，每组间休息15~30秒。

孩子：

① 趴在家长的双腿上，抱住家长的腿。

② 家长抬起腿后，孩子的胸部贴着家长的膝盖。

③ 双手打开，保持身体呈一条直线，不得塌腰。

▶ 视频课

欢乐谷

体能游戏三 00:21

亲子体能游戏：欢乐谷｜高阶动作｜空中飞人

在这里为家长提供一些新颖的锻炼方式，恰恰这个时候能怀抱着孩子一同运动，让孩子感受运动的节奏和父母的力量。同时也让孩子初步接触到有一定挑战的游戏，为孩子下一阶段的运动游戏打下基础。

22 蹦迪公园

家长直腿坐在地面上，以双腿为障碍物，让孩子进行开合跳、立定跳和侧身跳等游戏。

游戏目的

这种亲子游戏能够锻炼孩子的空间判断能力、快速反应能力和协调能力，同时还能增强孩子的胆量，促进骨骼生长和认知发展，增进亲子间的感情及默契。

游戏提示

准备一个拉伸垫，要注意保持正确的姿势和身体重心，避免受伤。

运动游戏

初阶动作　双脚跳跃

家长：

❶ 坐在拉伸垫上，双腿伸直，保持上半身直立。

❷ 腹部肌肉收紧，可分开腿或抬起腿来增加难度。

❸ 每组10~15秒，共3组，每组间休息15~30秒。

孩子：

❶ 双脚左右开立，与肩同宽，两臂前后摆动。

❷ 两脚用力蹬地，从家长的腿上跳过，并平稳落地。

中阶动作　开合跳

家长：

❶ 坐在拉伸垫上，双腿伸直，保持上半身直立。

❷ 腹部肌肉收紧，两腿分开，双手拉着孩子的双手，也可以松开手或抬起双腿增加难度。

❸ 每组做10~15个，共3组，每组间休息15~30秒。

孩子：

❶ 孩子双脚并拢站在家长两腿之间。

❷ 双手拉着家长双手，在家长两

腿之间做开合跳。

高阶动作　左右双脚跳

家长：

动作要领同中阶动作家长部分一样。

孩子：

❶ 双脚并拢站在家长两腿之间。

❷ 双手拉着家长双手，在家长两腿之间左右并脚跳跃。

蹦迪公园

体能游戏二　00:32

亲子体能游戏：蹦迪公园｜中阶动作｜开合跳

　　这是一个充满童趣与温馨的亲子游戏，家长用腿形成各种"跳跃障碍"，孩子们则像活泼的小精灵一般，在这个独特的空间里欢快地跳来跳去。可以把这个简单的动作想象成跨越山川河流，或是进行一场刺激的冒险。家长可以近距离地观察孩子的动作发展，同时为家庭生活增添许多美好的回忆。

23
动物世界

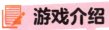 **游戏介绍**

家长坐在地面上，孩子在家长的身上进行平衡站立、翻滚和倒立等游戏。

游戏目的

这些游戏能够增强孩子四肢的力量、协调性和平衡感，使孩子能够更好地感知身体在空间中的位置和方向，有助于培养空间意识和方向感。同时可以增强家长与孩子之间的亲密感和信任，促进良好的亲子关系。

游戏提示

准备一个拉伸垫，要注意保持正确的姿势和身体重心，避免受伤。

初阶动作　袋鼠滚背

家长：

1. 坐在地上，双腿弯曲呈90度，双手抱住孩子小腿，背部挺直。

2. 慢慢地将身体向后滚动，让背部依次接触地面，从尾椎开始后坐再起来，反复进行。

3. 每组做10~15次，共三组，每组间休息15~30秒。

孩子：

1. 双腿屈膝并拢，坐在家长的怀里。

2. 双臂夹住家长的胳膊，配合家长一起滚背。

中阶动作　高空行走

家长：

1. 坐在拉伸垫上，两腿与肩同宽，双膝微屈离开地面，保持上半身直立。

2 腹部肌肉收紧，身体微微后仰，可以做仰卧起坐增加难度。

3 每组10~15个，共3组，每组间休息15~30秒。

孩子：

1 双脚站在家长大腿下端。

2 双手打开维持身体平衡。

高阶动作　高空飞行

家长：

1 平躺在拉伸垫上，双腿分开与肩同宽，膝关节略微抬起一点。

2 双手握住孩子小腿，仰卧起坐时举起双手，将孩子的双腿抬高。

3 每组10~15个，共3组，每组间休息15~30秒。

孩子：

① 趴在家长的腿上，头朝向家长脚的方向。

② 双手支撑在家长的小腿上，撑起上半身。

③ 倒立时抬头，不得塌腰。

▶ 视频课

动物世界

体能游戏二　00:36

亲子体能游戏：动物世界｜中阶动作｜高空行走

　　这是一种别样的亲子互动方式。孩子勇敢地站在或撑在家长的腿上，这是一次对平衡感和胆量的挑战，仿佛在探索一个全新的世界。这种游戏让孩子学会勇敢面对未知，培养他们的自信心和冒险精神，拿起手机记录下这个温馨而又难忘的瞬间吧！

24
冰雪运动

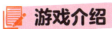 **游戏介绍**

　　家长用拉伸垫模拟雪地，让孩子体验坐魔毯，双板或单板滑雪的感觉。

游戏目的

　　这些游戏需要相互配合、支持和协作，能够锻炼孩子的平衡感、协调性和灵活性。面对游戏中的不确定性，鼓励孩子勇敢尝试，培养他们勇敢面对困难和挑战的精神。

游戏提示

　　准备一个拉伸垫，要注意保持正确的姿势和身体重心，避免受伤。

💬 运动游戏

初阶动作　坐魔毯

家长：

① 蹲下，双手抓住拉伸垫一端，来回拖动垫子。

② 动作开始要慢，孩子适应后可慢慢加快。

③ 每组10~15次，共3组，每组间休息15~30秒。

孩子：

① 面对家长，双脚盘腿坐在垫子上，双手放在膝盖上。

② 在家长拖动垫子时会失去重心，此时腹部收紧来抵消可能出现的后倒和前趴。

中阶动作　双板滑行

家长：

动作要领同初阶动作家长部分。

孩子：

❶ 面对家长，双脚分开，屈膝降低重心，双手可前平举来帮助身体平衡。

❷ 在家长拖动垫子时会失去重心，移动任意脚来调整身体平衡。

高阶动作　单板滑行

家长：

动作要领同初阶动作家长部分。

孩子：

❶ 侧身向家长，双脚分开，屈膝降低重心，双手侧平举来帮助身体平衡。

❷ 在家长拖动垫子时会失去重心，调整身体重心保持平衡。

冰雪运动

体能游戏三 01:19

亲子体能游戏：冰雪运动｜高阶动作｜单板滑行

　　孩子站在垫子上家长来回拖动，这个亲子游戏充满了活力与欢笑，仿佛是一场奇妙的冒险之旅。随着垫子的移动，孩子时而紧张，时而放松地保持平衡，这种未知的移动也激发了他们的好奇心和探索欲，让他们在游戏中感受到无尽的乐趣。